JEAN MORÉAS

LES

SYRTES

Syrtis inhospita
OVIDE

Incerta Syrtis
SÉNÈQUE

Le péché me surmonte, et ma peine est si grande,
Lors que mal-gré moy-mesme il triomphe de moy...
OGIER DE GOMBAUD

PARIS

M DCCC LXXXIV

LES SYRTES

Cet ouvrage, tiré à 124 exemplaires numérotés, n'est pas mis en vente.

N° 92

à M. Gaston de Raim
cordialem
Jean Moréa

JEAN MORÉAS

LES

SYRTES

Syrtis inhospita
Ovide

Incerta Syrtis
Sénèque

Le péché me surmonte, et ma peine est si grande,
Lors que mal-gré moy-mesme il triomphe de moy...
Ogier de Gombaud

PARIS
M DCCC LXXXIV

REMEMBRANCES

Dans l'âtre brûlent les tisons,
Les tisons noirs aux flammes roses;
Dehors hurlent les vents moroses,
Les vents des vilaines saisons.

Contre les chenets roux de rouille
Mon chat frotte son maigre dos.
En les ramages des rideaux
On dirait un *essaim* qui grouille :

C'est le Passé, c'est le Passé
Qui pleure la tendresse morte.
C'est le bonheur que l'heure emporte
Qui chante sur un ton lassé.

I

Là-bas, où sous les ciels attiques
Les crépuscules radieux
Teignent d'améthyste les Dieux
Sculptés aux frises des portiques;

Où dans le feuillage argenté
Des peupliers aux torses maigres,
Crépitent les cigales aigres
Ivres des coupes de l'Été;

Là-bas, où d'or fin sont les sables
Et d'azur rhythmique les mers,
Où pendent les citrons amers
Dans les bosquets impérissables,

La Vierge aux seins inapaisés
Plus belle que la Tyndaride,
Fit couler sur ma lèvre aride
Le dictame de ses baisers.

II

D'où vient cette aubade câline
Chantée — on eût dit — en bateau,
Où se mêle un pizzicato
De guitare et de mandoline?

Pourquoi cette chaleur de plomb
Où passent des senteurs d'orange,
Et pourquoi la séquelle étrange
De ces pèlerins à froc blond?

Et cette Dame quelle est-elle,
Cette Dame que l'on dirait
Peinte par le vieux Tintoret
Dans sa robe de brocatelle?

Je me souviens, je me souviens :
Ce sont des défuntes années,
Ce sont des amours surannées
Et ce sont des rêves anciens!

III

Parmi des chênes, accoudée
Sur la colline au vert gazon,
Se dresse la blanche maison,
De chèvrefeuille enguirlandée.

A la fenêtre où dans des pots
Fleurit la pâle marguerite,
Soupire une autre Marguerite :
Mon cœur a perdu son repos ..

Le lin moule sa gorge plate
Riche de candides aveux,
Et la splendeur de ses cheveux
Ainsi qu'un orbe d'or éclate.

Va-t-elle murmurer mon nom ?
Irons-nous encor sous les graves
Porches du vieux burg de burgraves ?
Songe éteint, renaîtras-tu ? — Non !

IV

Hautes sierras aux gorges nues,
Lacs d'émeraude et de lapis,
Isards dans les fourrés tapis,
Aigles qui planez par les nues ;

Sapins sombres aux larges troncs,
Fondrières de l'Entécade
Où chante la fraîche cascade
Derrière les rhododendrons ;

Et vous talus plantés d'yeuses,
Irai-je encor par les sentiers
Mêlant les rouges églantiers
A la pâleur des scabieuses ?

Dans les massifs emplis de geais
Mènerai-je encore à la brune
La Catalane à la peau brune,
Au pied mignon, à l'œil de jais ?

V

En jupe de peluche noire
Avec des chapeaux tout fleuris,
Mes folles amours de Paris
Chantent autour de ma mémoire.

Elles ont des cheveux d'or pur,
Et sous les blanches cascatelles
Des guipures et des dentelles
Des seins de lys veinés d'azur...

Dans vos alcôves mercantiles,
Sous les lourds tissus du Levant,
N'ai-je pas, hélas! trop souvent
Etreint vos tailles de reptiles?

N'ai-je pas promené ma main
Avec des luxures d'artiste
Sous vos chemises de batiste
Embaumant l'ambre et le jasmin?

Contre les chenets roux de rouille
Le chat ne frotte plus son dos.
En les ramages des rideaux
On n'entend plus d'*essaim* qui grouille.

Dans l'âtre plein de noirs tisons
Eteintes sont les flammes roses;
Et seuls hurlent les vents moroses,
Les vents des vilaines saisons.

BOUQUET A LA GRÆFIN

Parc ducal. Le ciel fige en du smalt les branches.
Dans les nids, gazouillis d'oisels et d'oiselles.
Seigneurs très chamarrés, gentes damoiselles.
Des fleurs rouges, des fleurs jaunes, des fleurs blanches.

Cheveux longs, à la brise épars, courbes hanches.
Vos lèvres s'irisaient de vin de Moselle.
J'ai humé longuement vos yeux de gazelle,
Derrière les buissons piqués de pervenches.

Vieux chambellan gâteux en culotte courte,
Vous offrit, sur un plat d'argent, de la tourte,
Avec un madrigal suranné, Græfin ;

Il vous baisa le bout de votre main lisse ;
Vous lui fites, je crois, des yeux en coulisse
Et vous ne sutes point que j'avais le spleen.

APPARITION

Des lèvres de bacchide et des yeux de madone,
Des sourcils se tordant ainsi que des reptiles,
Ses cheveux vaporeux que le peigne abandonne
Sont couronnés de nénufars fluviatiles.

Vient-elle de l'alcôve ou bien de l'ossuaire,
Lorsque ses mules d'or frôlent les dalles grises ?
Est-ce voile d'hymen ou funèbre suaire,
La gaze qui palpite aux vespérales brises ?

Autour du burg, la lune, aux nécromants fidèle,
Dore les bleuités des profondes ramures.
Et l'on entend frémir, ainsi que des coups d'aile,
Des harpes, dans la salle où rêvent les armures.

ODE

I

Seins des femmes! ô seins de lys! ô seins de nacre!
Vos rhythmes indolents dorlotent nos blessures.
Leurs lèvres! vous gardez, en vos calices, l'âcre
Saveur des bigarreaux et des grenades sures.
— Mais, aux bords fabuleux des fleuves du Levant,
J'eus mes rêves bercés aux gazhels des Péris:
Et, dans l'Antre fatal, la Dame de Mervent
Scella mes yeux pensifs de ses baisers fleuris.

II

Sur la nappe ouvragée où le festin s'exalte,
La venaison royale alterne aux fruits des Iles ;
Dans les chypres et les muscats de Rivesalte,
Endormeur des soucis, ô Léthé, tu t'exiles.
— Mais l'antique hippogriffe au vol jamais fourbu,
M'a porté sur son aile à la table des Dieux ;
Et là, dans la clarté sidérale, j'ai bu,
A pleine urne, les flots du nectar radieux.

III

En ces âges maudits, insultant aux Chimères,
Pareils aux hurlements impurs des filles soûles,
Jusqu'à vos pieds d'argile, ô gloires éphémères,
Montent les hosannas sacrilèges des foules.
— Mais, sous les myrtes blancs de la sainte Délos
Que baigne l'Archipel de ses flux et reflux,
Je crois ouïr mon nom éclatant dans les los
Chantés, en le Futur, aux poètes élus.

C'était le portrait d'une jeune fille
déjà mûrissante et presque femme.
Edgar Poë.

I

Mystiques sont, là-bas, les clairs de lune bleus :

O votre front poli nimbé de clair de lune !

Berceuse est la chanson des archipels houleux :

O vos cheveux errants aux brises de la dune !

II

Sous votre pied d'airain, Astarté, foulez-nous :

Voici le Koh-innor, les jades de Palmyre!

Êtes-vous la Madone adorée à genoux?

Mon âme montera comme un parfum de myrrhe!

TES MAINS

Tes mains semblant sortir d'une tapisserie
Très ancienne où l'argent à l'or brun se marie,
Où parmi les fouillis bizarres des ramages
Se bossue en relief le contour des images,
Me parlent de beaux rapts et de royale orgie,
Et de tournois de preux, dont j'ai la nostalgie.

Tes mains à l'ongle rose et tranchant comme un bec
Durent pincer jadis la harpe et le rebec,
Sous le dais incrusté du portique ogival
Ouvrant ses treillis d'or à la fraîcheur du val,
Et, pleines d'onction, rougir leurs fins anneaux
De chrysoprase, dans le sang des huguenots.

Tes mains aux doigts pâlis semblent des mains de Sainte
Par Giotto rêvée et pieusement peinte
En un coin très obscur de quelque basilique
Pleine de chapes d'or, de cierges, de reliques,
Où je voudrais dormir tel qu'un évêque mort,
Dans un tombeau sculpté, sans crainte et sans remord.

RYTHME BOITEUX

I

Du poison de tes yeux gris
Je suis gris.
Tes grands yeux aux verts reflets
M'ont pris dans leurs filets.

Tu me lias de tes mains blanches,
Tu me lias de tes mains fines,
Avec des chaînes de pervenches,
Et des cordes de capucines.

Ton pied lutin
Posa sur mon cœur
Le talon vainqueur
De sa mule de satin.

II

Du poison de tes yeux gris
Je veux être toujours gris.
Oh! ne romps pas les filets
De tes yeux aux verts reflets.

Laisse tes mains blanches,
Tes mains fines,
M'enchaîner avec des pervenches
Et des capucines.

Laisse, laisse sur mon cœur
Le talon vainqueur
De ton pied lutin
Chaussé de satin.

SENSUALITÉ

N'écoute plus l'archet plaintif qui se lamente
Comme un ramier mourant au fond des boulingrins;
Ne tente plus l'essor des rêves pérégrins
Traînant des ailes d'or dans l'argile infamante.

Viens par ici : voici les féeriques décors.
Dans du Sèvres les mets exquis dont tu te sèvres,
Les coupes de Samos pour y tremper tes lèvres,
Et les divans profonds pour reposer ton corps.

Viens par ici : voici l'ardente érubescence
Des cheveux roux piqués de fleurs et de béryls,
Les étangs des yeux pers, et les roses avrils
Des croupes, et les lys des seins frottés d'essence.

Viens humer le fumet — et mordre à pleines dents
A la banalité suave de la vie,
Et dormir le sommeil de la bête assouvie,
Dédaigneux des splendeurs des songes transcendants.

I

Assez d'abstinences moroses :
De Schiraz effeuillons les roses
Au bord du lac sacré,
Et que pour moi l'amour ruisselle
De *sa* lèvre d'alme pucelle,
Plus doux qu'un vin sucré.

II

Assez de chrysolithe terne :
Que l'on me montre la caverne
Des kohinors-soleils,
Et des saphirs plus bleus que l'onde,
Et des clairs rubis de Golconde
Au sang des Dieux pareils.

III

Assez d'existence servile :
Que l'on m'emporte dans la Ville
Où je serai le Khan,
Infaillible comme un prophète
Et dont la justice parfaite
Prodigue le carcan.

CONTE D'AMOUR

I

La lune se mirait dans le lac taciturne,
Pâle comme un grand lys, pleine de nonchaloirs
— Quel Lutin nous versait les philtres de son urne ? —
La brise sanglotait parmi les arbres noirs ;
La lune se mirait dans le lac taciturne.

Baiser spirituel, son baiser, sois béni !
Dans mon cœur plein d'horreur tu ravivas la flamme,
Dans mon cœur plein d'horreur, mon pauvre cœur terni
— Ai-je effleuré sa lèvre? Ai-je humé son âme? —
Baiser spirituel, son baiser, sois béni !

O souvenir pieux, doux et mélancolique,
Autour de toi ne rôde aucun parfum charnel :
Paré comme un autel, saint comme une relique,
Dans mon cœur saccagé tu vivras éternel,
O souvenir pieux, doux et mélancolique.

II

Je veux un amour plein de sanglots et de pleurs,
Un amour au front pâle orné d'une couronne
De roses dont la pluie a terni les couleurs.
Je veux un amour plein de sanglots et de pleurs.

Je veux un amour triste ainsi qu'un ciel d'automne,
Un amour qui serait comme un bois planté d'ifs
Où dans la nuit le cor mélancolique sonne;
Je veux un amour triste ainsi qu'un ciel d'automne,
Fait de remords très lents et de baisers furtifs.

III

Mon cœur est un cercueil vide dans une tombe ;
Mon âme est un manoir hanté par les corbeaux.
— Ton cœur est un jardin plein de lys les plus beaux ;
Ton âme est blanche ainsi que la blanche colombe.

Mon rêve est un ciel bas où sanglote le vent ;
Mon avenir un tertre en friche sur la lande.
— Ton rêve est pur ainsi que la plus pure offrande,
Ton avenir sourit comme un soleil levant.

Ma bouche a les venins des fauves belladones ;
Mes sombres yeux sont pleins des haines des maudits.
— Ta bouche est une fleur éclose au Paradis,
Tes chastes yeux sont bons comme ceux des madones.

IV

Dans les jardins mouillés parmi les vertes branches
Scintille la splendeur des belles roses blanches.

La chenille striée et les noirs moucherons
Insultent vainement la neige de leurs fronts :
Car, lorsque vient la nuit drapée en ses longs voiles,
Lorsque s'ouvrent aux ciels les yeux d'or des étoiles,
Dans les berceaux fleuris les larmes des lutins
Lavent toute souillure, et l'éclat des matins
Fait miroiter encor parmi les vertes branches
Le peplum virginal des belles roses blanches.

Ainsi, ma belle, bien qu'entre tes bras mutins
Je sente s'éveiller des désirs clandestins,
Bien que vienne parfois la sorcière hystérie
Me verser les poisons de sa bouche flétrie,
Quand j'ai lavé mes sens en tes yeux obsesseurs
J'aime mieux de tes yeux les mystiques douceurs
Que l'irritant contour de tes fringantes hanches,
Et mon amour absous de ses désirs pervers
En moi s'épanouit comme les roses blanches
Qui s'ouvrent au matin parmi les arbres verts.

V

Bientôt viendra la neige au blanc manteau d'hermine :
Dans les parcs défeuillés, sous le ciel morne et gris,
Sur leurs socles, parmi les boulingrins flétris
Les Priapes frileux feront bien triste mine.

Alors, ma toute-belle, assis au coin du feu,
Aux rouges flamboiements des bûches crépitantes,
Nous reverrons, au fond des visions latentes,
Le paysage vert, le paysage bleu ;

Le paysage vert et rose et jaune et mauve
Où murmure l'eau claire, en les fouillis des joncs,
Où se dresse au-dessus des fourrés sauvageons
Le cône menaçant de la montagne chauve.

Nous reverrons les bœufs, les grands bœufs blancs et roux,
Traînant des chariots sous l'ardeur tropicale,
Et sur le pont très vieux la très vieille bancale
Et le jeune crétin au ricanement doux.

Ainsi nous revivrons nos extases éteintes
Et nous ranimerons nos bonheurs saccagés
Et nous ressentirons nos baisers èchangés
Dans les campagnes d'or et d'émeraude teintes.

* * *

Hélas ! n'écoutant pas la voix des sorts moqueurs
Et laissant mon esprit s'enivrer de chimères,
Je ne veux pas penser que les ondes amères
Vont se mettre bientôt au travers de nos cœurs.

VI

Rouges comme un fer de forge
Ou le taureau qu'on égorge,
Sous les regrets assassins
Nos cœurs saignent dans nos seins.

Viennent donc des sorts propices,
Nous garer des précipices!
Que nous nous serrions la main
Sans souci du lendemain;

Qu'enfin nous puissions sans trève,
Sans redouter l'heure brève,
Sous les ciels profonds des lits,
Tordre nos corps affaiblis!

VII

Hiver : La bise se lamente,
La neige couvre le verger.
Dans nos cœurs aussi, pauvre amante,
Il va neiger, il va neiger...

Hier : c'était les soleils jaunes,
Hier, c'était encor l'été.
C'était l'eau courant sous les aulnes
Dans le val de maïs planté.

Hier, c'était les blancs, les roses
Lys, les lys d'or érubescent —
Et demain : c'est les passeroses,
C'est les ifs plaintifs, balançant

Balançant leur verdure dense,
Sur nos bonheurs ensevelis;
Demain, c'est la macabre danse
Des souvenirs aux fronts pâlis.

Demain, c'est les doutes, les craintes,
C'est les désirs martyrisés,
C'est le coucher sans tes étreintes,
C'est le lever sans tes baisers.

VIII

Ne ternis pas de pleurs les mystiques prunelles
De tes grands yeux navrés, striés d'or et d'agate;
Laisse-la t'emporter la berceuse frégate,
Par les immensités des vagues solennelles.

Triste, je rêverai pendant mes nuits moroses :
De baisers alanguis et de caresses brusques,
De nids capitonnés, où des coupes étrusques
S'exhalent les ennuis des chlorotiques roses.

Et l'absence irritant le désir qu'elle rive,
Ma passion tenace où le souvenir veille,
Montera dans mon cœur, débordante et pareille
Aux fluviales eaux qui grondent sur la rive.

IX

Nous marchions, nous tenant par la main, dans la rue
Où sous les becs de gaz se heurte la cohue.
Sous les jasmins en fleur qui bordent le chemin
A l'ombre nous marchions, nous tenant par la main.

Et ma joie est fanée avec le blanc jasmin.

Sa voix, perlant tout bas ses notes argentines,
Berçait mon cœur, ainsi qu'un psaume de matines.
Son baiser acharné, grisant comme le nuits,
Faisait sourire encor mon front chargé d'ennuis.

Et mes bras veufs en vain la cherchent dans les nuits.

X

Ce jour-là, les flots bleus, susurreront plus bleus,
Le long des côtes blanches,
Et du soleil frileux, les rayons plus frileux
Se joueront dans les branches.

Malgré le rude hiver, les fleurs de l'églantier
Souriront grand'ouvertes,
Et l'on verra changer les cailloux du sentier
En émeraudes vertes.

Les loups pour les agneaux auront des soins exquis,
Et sous l'œil bon des aigles,
Les grands vautours, feront la cour, en fins marquis
Aux colombes espiègles.

Les Dames, aux propos galants des séducteurs
Ne seront pas rebelles,
Et les Almavivas, malgré les vieux tuteurs,
Enlèveront leurs belles.

Car ce jour-là, jour saint, vaillamment attendu,
Dans tes chastes prunelles,
Mes yeux retrouveront, le paradis perdu
Des amours éternelles.

Car ce jour-là, les cœurs, par le bonheur brisés,
Mes lèvres dans les tiennes,
Nous nous rappellerons en de nouveaux baisers
Nos caresses anciennes.

XI

La feuille des forêts
Qui tourne dans la bise
Là-bas, par les guérets,
La feuille des forêts
Qui tourne dans la bise,
Va-t-elle revenir
Verdir — la même tige?

L'eau claire des ruisseaux
Qui passe claire et vive
A l'ombre des berceaux,
L'eau claire des ruisseaux
Qui passe claire et vive,
Va-t-elle retourner
Baigner — la même rive?

LES BONNES SOUVENANCES

Irisant le ciel gris de nos mornes pensées,
Ravivant les soleils éteints des renouveaux,
Elles passent toujours au fond de nos cerveaux,
Un bon souris sur des lèvres jamais plissées.

Leur prunelle est l'aurore, et leur natte tressée
Est fulgurante ainsi que l'éclat des flambeaux.
Leur prunelle est la nuit, et, sur le cou massée,
Leur chevelure est bleue ainsi que les corbeaux.

6

Aux accords pénétrants d'anciennes ritournelles
Elles bercent nos cœurs pleins d'ennui ; ce sont elles
Qui pansent doucement nos blessures mortelles,

Elles qui sur nos cils viendront sécher nos pleurs.
— Et le temps, émondeur de beautés et de fleurs,
Met sur leur front vieilli de plus fraîches couleurs.

Parmi les marroniers, parmi les
Lilas blancs, les lilas violets,
La villa, de houblon s'enguirlande,
De houblon et de lierre rampant.
La glycine, des vases bleus pend ;
Des glaïeuls, des tilleuls de Hollande.

Chère main aux longs doigts délicats,
Nous versant l'or du sang des muscats,
Dans la bonne fraîcheur des tonnelles,
Dans la bonne senteur des moissons,
Dans le soir, où languissent les sons
Des violons et des ritournelles.

Aux plaintifs tintements des bassins,
Sur les nattes et sur les coussins :
Les paresses en les flots des tresses.
Dans la bonne senteur des lilas
Les soucis adoucis, les cœurs las
Dans la lente langueur des caresses.

LA CARMENCITA

Pauvre enfant, tes prunelles vierges
Malgré leur feu diamanté,
Dans mon cœur, temple dévasté,
Ne rallumeraient pas les cierges.

Pauvre enfant, les sons de ta voix
— Telles les harpes séraphiques —
De mes souvenirs maléfiques
Ne couvriraient pas les abois.

Pauvre enfant, de tes lèvres vaines,
La miraculeuse liqueur,
N'adoucirait pas la rancœur
Qui tarit la vie en mes veines.

Pareil au climat meurtrier
Déserté de toute colombe,
Et pareil à la triste tombe
Où l'on ne vient jamais prier

— O la trop tard — au cours du fleuve
Inéluctable, je m'en vais,
Ayant au gré des vents mauvais
Effeuillé ma couronne neuve.

I

Dans la basilique où les pâles cierges
Font briller les ors du grand ostensoir,
Sur les feuillets des missels à fermoir
Courent les doigts fins des pudiques vierges.

Elle t'attendait, la vierge aux yeux bleus,
Mais tu n'as pas su lire dans ses yeux —
Dans la basilique, aux clartés des cierges.

II

Dans la chambre rose où les lilas blancs
Mêlaient leurs parfums aux tiédeurs des bûches,
En son long peignoir festonné de ruches,
Quand elle jouait avec ses perruches,
Sangdieu! qu'elle avait des regards troublants!

Tu n'as pas cueilli les beaux lilas blancs,
Tu n'as pas cherché les secrets troublants
Du peignoir à traîne avecques des ruches,
Dans la chambre rose où les lilas blancs
Mêlaient leurs parfums aux tiédeurs des bûches.

Oisillon bleu couleur-du-temps,
Tes chants, tes chants :
Dorlotent doucement les cœurs
Meurtris par les destins moqueurs.

Oisillon bleu couleur-du-temps.
Tes chants, tes chants :
Donnent de nouvelles vigueurs
Aux corps minés par les langueurs.

Oisillon bleu couleur-du-temps,
Tes chants, tes chants :
Font revivre les Espoirs morts
Et terrassent les vieux Remords.

Oisillon bleu couleur-du-temps,
Je t'ai cherché longtemps, longtemps,
Par mont, par val et par ravin
En vain, en vain!

CHIMÆRA

J'allumai la clarté mortuaire des lustres
Au fond de la crypte où se révulse ton œil,
Et mon rêve cueillit les fleuraisons palustres
Pour anoblir ta chair de pâleur et de deuil.

Je proférai les sons d'étranges palatales,
Selon les rites des trépassés nécromants,
Et sur ta lèvre teinte au sang des digitales
Fermentèrent soudain des philtres endormants.

Ainsi je t'ai créé de la plus pure essence
Fantôme immarcessible au front d'astres nimbé,
Pour me purifier de la concupiscence,
Pour consoler mon cœur dans l'opprobre tombé.

Les roses jaunes ceignent les troncs
Des grands platanes, dans le jardin
Où c'est comme un tintement soudain
D'eau qui s'égoutte en les bassins ronds.

Nul battement d'ailes, au matin,
Au soir, nul souffle couchant les fronts
Des lys pâlis, et des liserons
Pâlis au clair de lune incertain.

Et dans ce calme où la fraîcheur tombe
C'est comme un apaisement de tombe;
Comme une mort qui lente viendrait

Sceller nos yeux de sa main clémente
Dans ce calme où rien ne se lamente
Ou par l'espace, ou par la forêt.

LE DÉMONIAQUE

Ai-je sucé les sucs d'innommés magistères?
Quel succube au pied bot m'a-t-il donc envoûté?
Oh! ne l'être plus, oh! ne l'avoir pas été!
Suc maléfique, ô magistères délétères!

Point d'holocauste offert sur les autels des Tyrs,
Point d'âpres cauchemars, d'affres épileptiques!
Seuls les rêves pareils aux ciels clairs des triptyques,
Seuls les désirs nimbés du halo des martyrs!

Qui me rendra jamais l'Hermine primitive,
Et le Lys virginal, et la sainte Forêt
Où dans le chant des luths Viviane apparaît
Versant les philtres de sa lèvre fugitive!

Hélas! hélas! au fond de l'Érèbe épaissi
J'entends râler mon cœur criblé comme une cible
— Viendra-t-on te briser, sortilège invincible? —
Hâte-toi, hâte-toi, bon Devin, car voici

Que l'Automne se met à secouer les Roses,
Et que les jours rieurs s'effacent au lointain,
Et qu'il va s'éteignant le suave Matin :
— Et demain, c'est trop tard pour les Métamorphoses!

Les bras qui se nouent en caresses pâmées,
Le cordial bu du baiser animal,
Les cheveux qu'on tord, les haleines humées,
Des nerfs énervés apaisent-ils le mal?

O nos visions les toujours affamées!
O les vœux sonnant ainsi qu'un faux métal!
En nos âmes, inéluctables Némées,
Qui viendra terrasser le monstre fatal?

Et puisqu'il faut que toutes coupes soient brèves,
Puisqu'il faut en vain sur d'impossibles grèves
Chercher le népenthès et le lotus d'or ;

Ne vaudrait-il mieux le Désir qu'on triture :
Ne vaudrait-il mieux te voler ta pâture,
Dégoût carnassier, ô funèbre condor !

ACCALMIE

—

I

Lorsque sous la rafale et dans la brume dense,
Autour d'un frêle esquif sans voile et sans rameurs,
On a senti monter les flots pleins de rumeurs
Et subi des ressacs l'étourdissante danse,

Il fait bon sur le sable et le varech amer
S'endormir doucement au pied des roches creuses,
Bercé par les chansons plaintives des macreuses,
A l'heure où le soleil se couche dans la mer.

II

Que l'on jette ces lys, ces roses éclatantes,
Que l'on fasse cesser les flûtes et les chants
Qui viennent raviver les luxures flottantes,
A l'horizon vermeil de mes désirs couchants.

Oh ! ne me soufflez plus le musc de votre haleine,
Oh ! ne me fixez pas de vos yeux fulgurants,
Car je me sens brûler, ainsi qu'une phalène,
A l'azur étoilé de ces flambeaux errants.

Oh ! ne me tente plus de ta caresse avide,
Oh ! ne me verse plus l'énivrante liqueur
Qui coule de ta bouche — amphore jamais vide —
Laisse dormir mon cœur, laisse mourir mon cœur.

Mon cœur repose, ainsi qu'en un cercueil d'érable,
Dans la sérénité de sa conversion ;
Avec les regrets vains d'un bonheur misérable
Ne trouble pas la paix de l'absolution.

III

Feux libertins flambant dans l'Auberge fatale
Où se vautre l'impénitence des dégoûts,
Où mon âme a brûlé sa robe de vestale
— Éteignez-vous !

Par les malsaines nuits de crimes traversées,
Hippogriffes du Mal, femelles des hiboux,
Qui prêtiez votre essor à mes lâches pensées
— Envolez-vous !

Salamandres-désirs, sorcières-convoitises
Qui hurliez dans mon cœur avec des cris de loups
La persuasion de toutes les feintises
— Ah ! taisez-vous !

IV

J'ai trouvé jusqu'au fond des cavernes Alpines
L'antique Ennui niché,
Et j'ai meurtri mon cœur pantelant, aux épines
De l'éternel Péché.

O sagesse clémente, ô déesse aux yeux calmes,
Viens visiter mon sein,
Que je m'endorme un peu dans la fraîcheur des palmes
Loin du Désir malsain.

V

Mon cœur, mon cœur fut la lanterne
Éclairant le lupanar terne ;
Mon cœur, mon cœur fut un rosier,
Rosier poussé sur le fumier.

Mon cœur, mon cœur est le blanc cierge
Brûlant sur un cercueil de vierge ;
Mon cœur, mon cœur est sur l'étang
Un chaste nénuphar flottant.

VI

O mer immense, mer aux rumeurs monotones,
Tu berças doucement mes rêves printaniers;
O mer immense, mer perfide aux mariniers,
Sois clémente aux douleurs sages de mes automnes.

Vague qui viens avec des murmures câlins
Te coucher sur la dune où pousse l'herbe amère,
Berce, berce mon cœur comme un enfant sa mère,
Fais-le repu d'azur et d'effluves salins.

Loin des villes, je veux sur les falaises mornes
Secouer la torpeur de mes obsessions
— Et, mes pensers, pareils aux calmes alcyons,
Monteront à travers l'immensité sans bornes.

MUSIQUE LOINTAINE

La voix, songeuse voix de lèvres devinées,
Eparse dans les sons aigus de l'instrument,
A travers les murs sourds filtre implacablement,
Irritant des désirs et des langueurs fanées.

Alors, comme sous la baguette d'un sorcier,
Dans mon esprit flottant la Vision se calque :
Blanche avec des cheveux plus noirs qu'un catafalque,
Frêle avec des rondeurs plus lisses que l'acier.

Dans le jade se meurt la branche de verveine.
Les tapis sont profonds et le vitrail profond.
Les coussins sont profonds et profond le plafond.
Nul baiser attristant, nulle caresse vaine.

La voix, songeuse voix de lèvres devinées,
Éparse dans les sons aigus de l'instrument,
A travers les murs sourds filtre implacablement,
Irritant des désirs et des langueurs fanées.

C'est par l'effet trompeur de Maya que le principe intelligent paraît revêtu de tant de formes ; mais la contemplation est comme un glaive avec lequel les hommes sages tranchent le lien de l'action qui enchaîne la conscience.

BHAGAVATA-POURANA.

Être serein ainsi qu'un roc inaccessible,
Sans souci de chercher l'oubli de ses pensées ;
L'âme close aux sanglots des Lyres cadencées,
Aux rêves hasardeux ne pas servir de cible.

Aux ors incandescents des trésors des Palmyres,
Aux perles des Ophirs — aveugles ses prunelles ;
La vertèbre rétive aux visions charnelles
Éparses dans l'odeur énervante des myrrhes.

Le Temps pétrifié sur les feuillets du Livre.
Le Ciel du Cœur uni comme un métal ; sans rides,
O Sensibilité, tes surfaces virides ;
L'Aube pareille au Crépuscule : O ne pas vivre !

HOMO FUGE

Il fut vu, en sa main ainsi piquée, un écrit comme d'un sang de mort, en ces mots latins : « O Homo fuge ! » qui est à dire : O homme, fuis-t'en de là, et fais-le bien.

VIDMANN *(Légende de Fauste)*

I

Sur l'arbre et la bête de somme,
Sur le fauve altier, et sur l'homme
Inutilement révolté,
Monstre de pleurs et de sang ivre,
DÉSIR formidable DE VIVRE,
Tu fais peser ta volonté.

II

Pour vaincre l'austère NON-ETRE
Tu dis aux succubes de naître,
Et de ta main tu prodiguas :
Les joyaux aux prostituées,
Et les couronnes polluées
Autour du front des renégats

III

Expert en les dialectiques,
Tu parles et tu sophistiques
Avec ta voix de clair métal :
Et les Tentations pullulent,
Et les Tentations hululent
Dans l'ombre du Ravin fatal.

IV

Car tu sais pour damner notre âme
Faire jaillir la Pure-Flamme
Dans l'œil des hiboux et des freux ;
Tu connais les accoutumances
Des devins, et les nigromances
Et les hocuspocus affreux.

V

Sous la Comète et sous la Lune,
En tunique de pourpre brune,
Très blanche avec des cheveux blonds,
Près du lac où nagent les cygnes,
Ta feinte candeur a des signes
Qui parlent des sentiers oblongs.

VI

A travers les chaudes haleines
Des tabacs et des marjolaines,
De nos vœux, tu guides l'essor,
Où dans sa fière nonchalance,
La Fleur-Charnelle se balance
Pareille au grand lys nimbé d'or.

VII

Mais ta promesse n'est que leurre!
Bientôt, bientôt sonnera l'heure
Du Chevalier au pied fourché,
Et nous savons bien que tu caches
Sous les velours et les panaches,
Toute la hideur du Péché.

VIII

Oh! qu'il vienne un autre Messie
Secouer l'antique inertie,
Qu'il vienne en ses rédemptions :
Détruire l'œuvre de la Femme
Et te faucher désir infâme,
Des neuves générations.

TABLE

Paris. — Imp. L. Epinette, 16, boulevard Saint-Germain

Achevé d'imprimer

SUR LES PRESSES DE « LUTÈCE »

Le neuf décembre mil huit cent quatre-vingt-quatre

POUR

JEAN MORÉAS

PAR

LÉO TRÉZENIK, IMPRIMEUR

16, boulevard St-Germain

PARIS

DU MÊME AUTEUR

EN PRÉPARATION

Les Amphores

Poèmes merveilleux

Les Iconostases

www.ingramcontent.com/pod-product-compliance
Ingram Content Group UK Ltd.
Pitfield, Milton Keynes, MK11 3LW, UK
UKHW031930260826
14628UKWH00004B/1529

9 782329 561219